Be Zoban

HANNAH

FORTSETZUNG

Ein Hauch persischer Dichtkunst

Herg.: Engel Roshan   Illustr.: Elay Djojan
Coverbild: Anil Djojan

Bibliographische Information der Deutschen
Nationalbibliothek: Die Deutsche Nationalbibliothek
verzeichnet diese Publikation in der Nationalbibliografie;
detaillierte bibliografische Daten sind im Internet über
http://dnb.dnb.de abrufbar.

Herstellung und Verlag:
BoD – Books on Demand, Norderstedt
Autor: Be Zoban
Buch Illustration: Elay Djojan
Hrsg.: Engel Roshan

ISBN: 9783754396193

Das Wesen, welches Wahrheit und Wirklichkeit in sich verkörpert. HANNAH; die Botschafterin, die lernt, ausübt und weitergibt.

HANNAH

Himmel am Anfang,
Anfang verfolgend,
Nichtigkeit zieht sich in den Kampf,
Nichtigkeit feiert ihren Sieg.
Anfang vor Ende,
Himmel am Ende.

Hannah, die Botschaft
des Himmels und der Erde...

Autor

Hannah Fortsetzung

EINFÜHRUNG

*Hannah, das Symbol der neuen
Generation, der Modernität, der
Erneuerung, des Lernens, des Wissens und
des Weiterkommens.*

*Oma symbolisiert die alte Generation, die
Weisheit, die Geschichte, die stabil ist, die
unveränderlich ist, die lehrt.*

*Die Eltern, die Generation dazwischen
sind abwesend. Sie müssen sich
orientieren, sich finden.*

Weitere Werke von Be Zoban auf Deutsch:

DUFT DER LIEBE (Gedichtband)
HANNAH (Lyrik)
DURCH MEINE AUGEN (Gedichtband)
DUFTENDER SCHNEE (Gedichtband)
DER MENSCH (Kurzgeschichte)
ICH BABY (Kurzgeschichte)
TODESGEFLÜSTER (Kurzgeschichte)

...

Engel Roshan

„Alles Schlechte pflegt eine gute Seite in sich!"

HANNAH DENKT NACH

Wie neuralgisch ist Oma,
kicherte Hannah heimlich.
Mit ihren Weissagungen
und ständigen Abmahnungen
machte diese sie nachdenklich,
was sie keineswegs wollte,
nur noch spielen und träumen.
Sie dachte nach,
wie nutzlos Oma sei.

Nun zog eine gemeine Hand
eine Barriere zwischen die Beiden.
Nun wurde ihr gewahr,
wie schwer das Leben,
ohne Oma war,
wie sehr sie Oma liebt.

Nun versteht sie
die Welt nicht mehr.
Ihr fehlt Oma,
ein Stück von ihr selbst...

„Wenn du nichts ändern kannst, höre nicht auf zu träumen!"

RATLOS

Irgendwo droht die Hungersnot,
irgendwo leiden die Menschen
an Übergewicht,
irgendwo dörrt es,
irgendwo reißt die Überflutung
die Dörfer mit sich,
irgendwo frostet es,
irgendwo verbrennt die Sonne
die zarte Haut,
irgendwo töten die Weißen den Farbigen,
irgendwo bringen sich
die Menschen gegenseitig um,
irgendwo herrscht der Tyrann alleingängig,
irgendwo ermorden die Menschen
den gewählten Herrscher.
Überall lauert die subtile Gefahr,
doch überall wird davon profitiert.
Jedes Tröpfchen Blut,
was fließt,
trägt von jedem
die Fingerabdrücke mit sich.

Und Hannah,
Hannah träumt
von der Liebe zu Menschen.
Entmutigt fragt sie Oma,
ob sie nun ihre Träume
erwürgen soll.
Oma ist ratlos...

9

„Der gesundeste Bund in der Welt von heute ist die Gebundenheit der Nichtgebundenen."

BÜNDNISFREI

Erstickt in meinem eigenen Blut
lag ich schwer verwundet
auf der Strecke.
Der Erste mit dem Königssechseck
auf der Stirn
ließ mich da liegen,
weil ich kein Auserwählter war.
Der Nächste mit einem goldenen Kreuz
im Kragen
schaute weg,
weil ich nicht bekehrt war.
Der andere mit dem Halbmond
auf der Kutte
trat mich mit Füßen,
weil ich blasphemisch aussah.

Das ungeschmückte Mädchen,
die kleine Hannah,
das an Nichts gebunden war,
löste sich von Oma ab
und vergoss Tränen
über meinen leblosen Körper.
Somit wurde ich geheilt
und konnte dankbar
in die Ferne blicken…

„Man schätzt den Staub, ein wenig übergoldet,
weit mehr als Gold, ein wenig überstäubt."
W. Shakespeare

DAS KLEID

Energisch und überzeugt
beharrte Hannah darauf,
das schöne überteuerte,
jedoch nicht hochwertige Kleid,
zu kaufen.

Überlegend,
liebevoll ihre Harre streichelnd,
äußerte sich Oma,
das elegante nachhaltige Kleid
zu wählen,
was Hannah nicht gefiel.
Doch Oma sagte zielstrebig,
dass alles was schön aussehe,
sei nicht unbedingt gut und schön.

Sich in den Spiegel
sympathisch und charmant betrachtend,
flüsterte Hannah zu sich:
„Gott sei Dank gibt es Oma!

„Gemeinsam sind wir stark!"

GEMEINSAM

Sich überschätzend,
vermochte Hannah
ihre Welt alleine zu beherrschen.

Besorgt stellte Oma
einen Apfel vor sie
und forderte sie auf,
ihn mit dem Daumen aufzuheben.
Hannah versuchte es vergebens.
Darauf befahl sie ihr,
es mit den anderen Fingern,
jedoch, einzeln zu probieren.
Die Aufgabe schien unmöglich zu sein.
Zum Schluss musste Hannah
den Apfel mit allen Fingern aufheben.

Während sie den Geschmack des Apfels
auskostete
und Oma zufrieden lächelte,
beschloss sie,
sich ihren Freunden anzuschließen...

„Sich nur an seinem Gelernten anzuklammern,
führt zu einer Sackgasse. "

DIE PROPHETIN

Ausgrabend der verstaubten Zeit,
vermochte ich meine Kutte
mit der Melodie der Zukunft
von Neuem zu umhüllen.

Wie vernebelt
roch doch mein Heute,
da ich meine Ohren
für den Flügelschlag des Moments
und das Donnern des Morgens
verstopft hielt.

Mit der Blume in der Hand,
meine Füße
aus dem Grab zerrend,
belehrte mich
die kleine Hannah,
wie ich mich
mit dem Rhythmus des Klanges,
fortbewegen kann.

Wie leicht…

Das Alter hängt nicht von den Jahren ab, sondern vom Herz und Kopf.

GEMÄLDE

Voller Liebe zeichnete Hannah Oma,
doch deutlich jünger
als das, was sie war.

Betrachtend das Gemälde
mit feuchten Augen,
äußerte sich diese dankend,
dass sie doch so seien möchte,
wie sie auch sei.

Selbstbewusst sagte Hannah:
„Man ist so alt,
 wie man sich fühlt.
 Für mich bist du
 die jüngste Oma
 und bleibst die Jüngste."

Sprachlos wurde Oma gewahr,
dass ihre Weisheit
nicht ausreichend war...

„Bewusstsein erfordert Beschränkungen!
Außergewöhnliche Zeiten erfordern
außergewöhnliche Maßnahmen. "

DIE MASKE

Ihr war es heiß.
Verärgert schlug sie Omas Hand,
so dass die Maske
auf den Staub fiel.
Erstaunt fragte Oma nach dem Grund.
Hannah:
„Du sagtest ständig,
 dass man offen seien soll
 und sich unter einer Marke
 nicht verstecken muss."

Entstaubend die Maske,
entgegnete Oma sie freundlich:
„Man muss der Umstände bewusst sein,
 anpassungsfähig sein.
 Diese pflegt mit der Identität
 nicht zu tun zu haben
 und beschützt einen nur noch
 vor dem unsichtbaren Feind."

Beschämt fragte Hannah Oma
nach einer neuen Maske…

„Der Ton macht die Musik."

DISKRIMINIERUNG

Liebevoll lenkte Oma
die Aufmerksamkeit Hannahs
auf das Baby:
„Schau mal das schwarze Kind,
 wie niedlich..."

Bevor sie ihren Satz beendete,
nahm diese elektrisiert ihre Worte
aus dem Munde:
„Wie kannst du dir erlauben,
 Schwarz zu sagen?
 Es sei diskriminierend, rassistisch."

Geduldig entgegnete Oma:
„Diskriminierung verzeichnet sich
 vom Handeln, Benehmen,
 beleidigenden herablassenden Äußerungen.
 Alle Farben seien natürlich und schön. „

Wie aus der innerlichen Haft befreit,
küsste Hannah das Kind
und flüsterte in sein Ohr:
„Mein schwarzer Freund!"

„Bleibe Still im Wald. Die Bäume haben dir viel
zu erzählen."

EINFACHHEIT

Während eines Spazierganges
im Wald,
gab Hannah rätselhafte Laute von sich,
indem sie Oma ignorierte.

Einen kurzen Moment nahm diese an,
dass sie Angst hatte,
oder sie eine neue Sprache
gelernt hatte?
Als sie keinen Zusammenhang
zwischen den Lauten feststellen konnte,
fragte sie Hannah liebevoll,
womit sie sich befasse.

Hannah antwortete stolz,
dass sie mit der Natur spreche,
da der Dichter meine,
dass die Natur, die Pflanzen,
ihre eigene Sprache sprechen.

Voller Verständnis entgegnete Oma,
dass die Sprache der Natur,
die Stille sei.

Betroffen von ihrer Einfachheit,
blieb Hannah
den ganzen Weg entlang stumm…

*„Entdecke deine innere Kraft, erstaunt wirst du
erkennen, wie leicht deine Welt zu erobern ist."*

DIE HEILKRAFT

Beunruhigt wirkte Hannah.
Bald tat ihr Kopf weh,
bald plagte sie
eine verworrene Trübsal.
Die Lust auf Spielen, Schule,
Musik, Tanzen, Sport
drohte in ihr zu sterben.

Laut der Erfahrung
erkannte Oma,
dass sie unter innerer Unruhe litt
und forderte sie auf,
die Augen zuschließend
mehrmals ein und auszuatmen.

Sich deutlich wohl fühlend,
bedankte sich diese
für Omas Heilkunst.

Ablehnend äußerte sich Oma,
dass diese in ihrer inneren Kraft lege.

Erstaunt betrachtete Hannah
ihre zärtliche Gestallt
und flüsterte stolz, doch verlegen:
„Wie unendliche Kraft steckt in mir!"

*Chinesisch: „Richtest du einen Finger den
anderen zu, die anderen drei richten sich zu dir
und der Daumen ist der Zeuge."*

BITTER

Außer Atem konnte Hannah
ihr Lachen nicht halten.
Mutwillig verhielt sie sich auffällig,
um die Aufmerksamkeit
der Mitreisenden auf sich zu ziehen,
wohin sie auch schaute.
Der gegenüber sitzende Junge
hatte unterschiedliche Socken an.

Unverzüglich drückte Oma ihr
einen Spiegel in die Hand.

Ihr Gesicht verzerrte sich
zu einer Grimasse.
Sie hatte vergessen,
ihre Haare zu kämmen.

Bedauernd hatte Oma nun
keinen Spiegel mehr,
um hinzuschauen,
wie sie selbst
in dem Moment aussah…

„Deinen Wohlstand verdankst du meiner Not. "

AUSBEUTUNG

Die Weltwirklichkeit im Auge,
schwindlig im Kopf,
Schmerzen im Herzen
stellte Hannah die Frage:
„Warum verbessert sich
  die Lage in armen Ländern nicht,
  obwohl wir ihnen großzügig helfen?"

Gleich einer Leistungssportlerin,
sprang Oma hoch
und stahl ihr mit Härte die Geldbörse.

Ihre Frage vergessend,
musterte Hannah sie
beängstigend und hilflos,
als ob sie ein Monster wäre.

Mit einem scheinheiligen Lächeln
auf dem Munde,
gab ihr Oma zögernd,
aus ihrer anderen Tasche
einen winzigen Bruchteil
ihres Geldes zurück.

Zufrieden und dankbar,
ohne weitere Fragen zu stellen,
verstand Hannah die Botschaft
und fing an
das Geschichtsbuch zu entstauben...

31

„Alles, was du siehst, entspricht nicht unbedingt der Wirklichkeit."

VORURTEILE

Während eines Schulausflugs
in einer fremden Stadt,
mit dem Finger in eine Richtung zeigend,
sagte ein Junge amüsiert:
„Da, ist er."
Ein anderer fragte:
"Wer?"
„Der Böse."
„Was hat er getan?"
„Keine Ahnung, habe ich nur gehört."
„Den kenne ich,
   mit dem schwarzen Anzug."
„Nein, der mit dem grauen."
„Ach, irgendwer!"

Beobachtend die Szene,
sagte Hannah dominiert:
„Gute und Böse seien relativ,
   abhängig von Raum und Zeit
   und Betrachtung des Betrachters.
   Alles was du siehst,
   ist das, was du gerne sehen möchtest
   und entspricht nicht unbedingt
   der Wirklichkeit."

Erstaunt fragten alle einstimmig:
„Woher weißt du das?"
Hannah kicherte…

33

„Alles emaniert von dir aus. Doch du stehst nicht in der Mitte des Universums."

ICH-BEZOGENHEIT

Geschah etwas Unangenehmes,
sagte Hannah:
„Ich nicht."
Ging es, um etwas zu unternehmen,
distanzierte sich Hannah:
„Warum immer ich?"
Wenn eine Belohnung infrage kam,
stellte sie sich in die erste Reihe
und betonte:
„Ich."
Lobte jemand gute Worte, gute Taten,
flüsterte sie:
„Ich war es."

Erkennend die kritische Entwicklung,
sagte Oma abmahnend:
„Es stimmt, dass alles
 um die Person gehe,
 doch man stehe nicht
 in der Mitte aller Geschehnisse."

Hannah wurde gewahr,
dass sie mehr "Ich" sagte,
als es angebracht war.

Daraufhin öffnete sie verständnisvoll
ihr Herz, ihren Kopf
für den Mitmenschen...

35

„Die Gabe des Künstlers besteht darin, wie er die Dinge beobachtet und nicht nur daran, wie er es überbringt."

MALEREI

Verärgert und verächtlich
betrachtete die kleine Hannah
ihre Kritzeleien.
Sie wollte das Portrait
des Tigers zeichnen,
welcher im Zoo
in seinem Käfig hin und her laufend,
von der Freiheit träumte.

Umstände bewusst,
sagte die kluge Oma ihr:
"Ein Künstler sieht das,
was ein normaler Beobachter
nicht zu sehen vermag.
Wie er seine Botschaft überbringt,
sei irrelevant.
Der Künstler lässt sich inspirieren
und malt aus der Seele.
Sein Kunstwerk ist frei
von Beschränkungen und Rahmen."
Darauf kritzelte Hannah
mit dem Herzen weiter.

Betrachtend ihr Gemälde,
lobten alle Kinder ihre Gabe
und beschworen sich einstimmig,
sich für die Freiheit
der Tiere einzusetzen...

„Gib dich damit zufrieden, was du für die
Verbesserungen der Welt leisten kannst.
Letztendlich hast du nur noch ein Leben."

LEBENSMÜDE

Überfordert wollte sie nichts mehr,
ihr Kopf tat weh,
ihr Körper wollte von ihr nichts wissen,
ihre Stimmung war in Trübsal,
ihre Seele schmerzte.
Hannah fand sich überflüssig, nutzlos
und wollte ihr Leben beenden.
Ein jeder tat alles,
was er auch tun konnte,
um die andern zu beschädigen.
Kein Herz, keine Leidenschaft
für Menschen, Tiere und Umwelt
und sie fühlte sich tadellos,
macht- und mittellos.

Ihre eigene Erfahrung rufend,
riet Oma ihr:
„Man kann sich nicht überall verteilen.
 Man hat nur noch ein Leben.
 Tue das, was du für richtig hältst
 und sei ein Vorbild für jedermann.
 Sei zufrieden mit dir selbst."

Energisch stand Hannah auf
und fütterte die Taube,
die vor kurzem ihren Bruten
das Leben verschenkt hatte...

„ Undankbarkeit verzeichnet die innere Unzufriedenheit. "

DANKBARKEIT

Faulenzend verpasste Hannah die Schule.
Besorgt um ihre Gesundheit,
rief ihre Freundin sie an
und teilte ihr mit,
was sie für Hausaufgaben
zu erledigen hatte.
Unzufrieden mit sich selbst,
nehmend es als Selbstverständlichkeit,
bedankte sich diese mutwillig
bei ihr nicht.

Aufgewühlt von Hannahs Benehmen,
sagte Oma zielstrebig:
„Undankbarkeit verzeichnet
die eigene Unzufriedenheit
eigene Unsicherheit."

Zielsicher wählte Hannah
die richtige Nummer...

„Es ist nicht der stark, der nicht fällt, sondern der, der immer wieder aufsteht."

AM SPIELPLATZ

Um ihre Stärke zu zeigen,
versuchte Hannah
auf einem wackeligen Brett
zu balancieren.

Doch sie fiel immer wieder runter,
tat sich weh,
stieg wieder hinauf
und versuchte es erneut.
Letztendlich schaffte sie es
nur noch bis zur Mitte.

Geschlagen mit ihrer Niederlage,
warf sie sich in Omas Arme.
Sie zärtlich küssend,
klatschte diese jedoch.

Erstaunt und launisch murmelte Hannah:
„Was gibt es denn zum Feiern?"
Oma sagte zufrieden darauf:
„Die Stärke ist es nicht,
 nicht zu fallen.
 Die Stärke ist es,
 immer wieder aufzustehen."

Hannah drückte sich so fest an ihr,
wie sie auch konnte...

„Ärgere dich nicht von der Undankbarkeit der anderen. Das verweist auf deine Stärke, auf deine Größe."

UNDANKBARKEIT

Durchquälend sich innerlich,
wollte Hannah entscheiden
keinen Menschen mehr zu helfen.
Sie half der Nachbarin
und diese,
es als Selbstverständlichkeit
hinnehmend,
belächelte ihre Dankbarkeit nur.

Bewusst von dem Geschehnis,
sagte Oma entschlossen:
„Ärgere dich nicht darüber,
 wenn einer sich nicht
 für deine guten Taten
 bei dir bedankt
 und es als eine Selbstverständlichkeit
 hinnehme.
 Dies beweist deine Stärke,
 deine Größe.
 Und alles was du tust,
 tust du für deine eigene Zufriedenheit."

Zufrieden nahm Hannah
ihre Entscheidung zurück...

„Ein jeder muss das tun, was er kann, was er muss."

ANGEMESSEN

Eilig hatte es Oma,
so dass ihre Beine weh taten,
als sie Hannah sah,
wie sie den Müll aus dem Weg sammelnd,
an die geeignete Stelle stellte.
Aufgeregt rief sie diese zu sich.
Verärgert sagte Hannah:
„Wenn ich es nicht mache,
 wenn du es nicht machst,
 wer soll es denn sonst tun?

Wertschätzend entgegnete Oma:
„Wenn wir es alleine tun,
 dann brauchen wir mehrere Leben dafür.
 Trage lieber einen Beitrag in der Schule vor,
 somit alle Kinder, deren Eltern,
 Freunde und Verwandte mitmachen.
 So bekommen wir unsere Stadt sauber."

Aufgebend sank Hannah in Gedanken,
wie sie ihren Beitrag vortragen sollte.

Als sie nächstes Mal in der Stadt verweilte,
konnte Hannah ihrem Erfolg kaum glauben...

„Die Zeit ändert sich rasant, ehe du zwinkerst."

SYMBIOSE

Verärgert warf sie das Gerät
auf den Boden.
Sie hatte vor
ihr Lieblingsklassisches Stück
entspannt zu genießen,
doch wie von einer teuflischen Hand gesteuert,
kam es immer wieder zu Unterbrechungen.

Ohne Enthusiasmus
nahm Hannah das Gerät in die Hand
und stellt es so ein,
dass Oma ihre Musik,
ohne Anstrengungen genoss.

Bedankend flüsterte diese:
„Wie rasant entwickelt sich die Welt,
   so, dass die Weisheit nicht ausreiche.
   Und wie abhängig bin ich von dir,
   mein Kind..."

Das Danken entgegennehmend,
murmelte Hannah:
„Das weiß doch jeder Erwachsene."

*„Rede dich nicht klein, als das was du bist. Das
verweist auf den negativen Narzissmus.
Mache dich nicht groß, als das was du bist. Das
macht dich klein."*

ANGEBRACHT

Im Gegenteil von dem Tag zuvor,
wo sie euphorisch
in ihre Haut nicht passte,
fühlte sich Hannah derzeit nutzlos,
der Schule nicht gewachsen zu sein.
Sie konnte die Aufgabe
vollends nicht verstehen,
wie sie sich auch drum bemühte
und fluchend beschrieb sie sich klein.

Wie immer war
Oma zur Stelle:
„Weder so salzig,
  noch so geschmacklos.
  Man soll seine Werte,
  seinen Platz kennen.
  Sich Klein zu schreiben,
  sei demütigend
  und falsche Bescheidenheit
  und mit der Großbeschreibung,
  macht man sich Klein.
  Man schafft alles,
  wofür man gebührt ist."

Hannah betrachtete die Aufgabe erneut.
Wie verständlich sie doch war…

51

„Seine demütigenden Worte und Beschimpfungen
sind ein Zeichen seiner Schwäche.
Nimm ihn nicht ernst, ignoriere ihn und meide
ihn."
Sun Tsu

SCHWÄCHE

Eingeschüchtert sagte Hannah Oma,
wie stark ihre Freundin sei.
Sie verwendet demütigende Worte
und beschimpft jeden,
wer auch ihr entgegen komme.

Ihre Arme streichelnd
sagte Oma, sie ermutigend:
„Der bellende Hund beißt nicht.
Wer am lautesten schreit,
hat am meisten Angst.
Man versteckt seine Schwäche
hinter obszönen Worten."

Hannah berief ihr Gedächtnis,
wie ihre Freundin tatsächlich
ängstlich wirkte...

„Dein Kind ist nicht Deins. Es ist der Mensch der Zukunft."

ANGSTMUSTER

Fassungslos erzählte Hannah Oma
von dem Grauen, wo sie Zeugin war.
Brutal schlug der robuste Vater
das wehrlose Mädchen.
Ihre Schmerzen einsteckend,
sagte das Mädchen lächelnd:
„Es tut mir für dich leid."
Als er brüllend nach dem Grund fragte.
Sagte sie flüsternd:
„Du hast Angst vor mir."
Außer sich schlug er sie weiter,
bis sie in Ohnmacht fiel.

Länger seufzend,
sagte Oma:
„Körperliche Gewalt
 sei ein Zeichen der Schwäche,
 ein Zeichen der Torheit.
 Wer es anwendet,
 habe Angst vor dem Verlust
 seiner Aura.
 Er sei selbst ein Opfer
 und habe Angst vor Angst."

Hannah erinnerte sich,
wie der Vater
vor lauter Angst zitterte....

Er hat dein Leben ruiniert. Wo warst Du?

BESCHWERDE

Der alte Mann aus der Nachbarschaft
beschwerte sich bei Hannah
über seine langwierige Frau,
als ob sie sein Leben ruiniert habe.

Treuhänderisch gab es Hannah an Oma weiter.
Gut überlegend äußerte sich diese:
„Mit einer Hand kann man nicht klatschen.
 Schiebt man die Schuld
 an den andern,
 vergisst man sich selbst
 in den Spiegel zu schauen,
 und führt sich dies
 zu Selbstverliebtheit zurück.
 Weist man die Verantwortung
 von dem gemeinsamen Leben von sich,
 überlässt man sein Schicksal
 in die Hand des anderen
 und führt sich dies
 zu Bequemlichkeit zurück.
 Vergisst man die glücklichen Momente,
 erzeugt man Mitleid mit sich selbst.
 Dies verzeichnet die Schwäche
 Und führt sich zu Narzissmus zurück."

Vergessend ihr Mitleid,
bedachte sich Hannah,
warum der Mann solange
mit seiner Frau zusammen blieb...

*„Du hast die Tür für mich geöffnet, gehen muss
ich selbst."*

GEDEIHT

Nervenzerreißend vermochte Oma nicht
ihr neues Gerät in den Lauf zu bringen.
Mit nur Paar Handbewegungen
brachte Hannah die Welt in Ordnung.
Bedankend begab sich Oma
an die Arbeit.

Erstaunt nahm Hannah wahr,
wie geschickt Oma
die Tasten betätigte.

Genüsslich ihre Blicke beobachtend,
sagte diese:
„Die Tür hast du für mich geöffnet,
 gehen muss ich jedoch selbst."

Stolz küsste Hannah sie zärtlich...

„Behalte deinen Kopf stetig bei dir, sonst bist du kopflos.“

MITLÄUFER

Benommen und ergrimmt
beschimpfte sich Hannah flüsternd,
sie sei dumm, unbedarft.
Auf die Frage warum,
gab sie zur Antwort,
weil sie nicht applaudierte,
was sie nicht verstanden hatte,
während alle anderen Kinder
ihre Begeisterung preisgaben.
Darauf haben sie, sie ausgelacht.

Begeistert von ihrer Klugheit,
sagte Oma zustimmend:
„Du hast das Richtige getan, mein Kind.
Man darf nicht zulassen,
dass die anderen für ihn denken.
Du sollst nach deiner eigenen Wahrnehmung,
nach deiner eigenen Realisierung handeln „

Beruhigend zogen sich
Hannahs Mundwinkel nach oben...

„Weinen reinigt die Seele. Sei nicht sparsam damit."

WEINE DOCH

Um sich tapfer zu zeigen,
drückte Hannah ihren Schmerz unter.
Sie hatte einen Menschen leiden gesehen,
welchem sie nicht helfen konnte.

Erkennend ihren Zustand,
beriet Oma sie:
„Wenn du verzweifelt bist,
  wenn du keinen Ausweg findest,
  belagere den Schmerz nicht
  in deinem Herzen, Kind,
  sonst verkapselt sich der Wund
  in deinem Inneren
  und verursacht erhebliche Schäden.
  Schau mal den Himmel.
  Wenn er nicht Weinen soll,
  bleibt er ewig bedeckt."

Wie aus der Haft befreit,
vergoss diese die Tränen aus der Seele.
Erstaunt wurde ihr danach gewahr,
wie erleichtert
und zufrieden sie doch war…

Du bist nicht derselbe Mensch von einem Moment
zuvor.

VORWURF

Ihre Aufgaben vergessend,
zerbrach sich Hannah ihren Kopf,
um das Rätsel zu lösen.

Ihre Freundin machte ihr den Vorwurf,
vor einer gewissen Zeit,
ihr unanständige Worte gesagt zu haben.

Von dem Hunger gepeinigt,
wollte Oma sie an dem Tisch haben.
Doch als Hannah über den Vorwurf erzählte,
vergessend das Essen,
sagte sie energisch:
„Angesichts der Umstände,
 die da waren,
 in welchem psychischen Zustand
 du dich befandst,
 was waren die Gründe und Anlässe,
 wie hat die Freundin
 die Worte aufgenommen
 und zahlreiche andere Faktoren,
 kann man es heute nicht mehr beurteilen,
 was Recht, was Unrecht sei."

Wie ein Stein von ihrem Herzen
gefallen zu sein,
küsste Hannah sie zärtlich.
Das Essen war köstlich...

Säst du eine Blume für den anderen, blühen deine
eigenen Blumen.

MOBBING

Außergewöhnlich fröhlich sah Hannah aus.
Ohne nach dem Essen zu fragen,
warf sie sich in Omas Arme,
als wollte sie sich
körperlich und seelisch
mit ihr vereinen,
dabei stellte sie sich
als eine wahre Heldin dar,
während sie ihr erzählte,
wie sie sich als Schutzschild
vor ein Mobbingopfer
gestellt hatte
und wie sie
den Applaus von Mitschülern
entgegen nahm.

Angesteckt von ihrer Fröhlichkeit,
sagte diese:
„Säst du eine Blume für den anderen,
  blühen deine eigenen Blumen."

Darauf wollte Hannah sich
von Oma nicht lösen...

Du weißt, dass er dumm ist. Dann trägst du die
Verantwortung, da er es nicht weiß.

DUMMHEIT

Aufgebracht berichtete Hannah Oma,
von ihrer Freundin,
die sich dummverhaltend,
ihre Hilfe von sich weisend,
zu ihren Wettstreitern überlief
und bereuend zu ihr zurückkehrte.
Doch sie wollte ihr nicht verzeihen,
da sie selbst die Schuld trug.

Sie beruhigend sagte Oma:
„Dummheit hat ihren Preis.
 Doch wenn einer weiß,
 dass jemand dumm ist,
 dann muss er ihm verzeihen können,
 da er nicht weiß,
 dass er es ist."

Tröstend Ihre Freundin
am Tag darauf,
merkte Hannah,
wie süß das Verzeihen doch war...

*Afghanischer Volksmund: "Wasser für Kinder,
Toilette für Erwachsene."*

UNGEWÖHNLICH

Erstaunt sah Hannah zu,
wie Oma sich vor ihr stellte.
Das störte sie nicht,
doch Oma tat es
gewöhnlich umgekehrt.

Ihr Erstaunen merkend,
sagte diese leise:
"Es kommt manchmal vor,
dass die Erwachsenen
entscheiden müssen.
Es sind bestimmte Umstände,
die nur mit den Jahren
zu rechtfertigen sind."

Darauf wurde Hannah gewahr,
dass sie noch viel zu Lernen hatte,
dass sie noch ein Kind war...

Der, der mit seiner Dummheit zufrieden ist, den kannst du nicht zurechtweisen.

DOMMAGE

Mitleidig erzählte Hannah Oma,
dass eine ihrer Freundinnen
sich in der Öffentlichkeit blamierte.
Als sie ihr einen Rat geben wollte,
reagierte diese hochmütig
und meinte, sie wolle so leben
wie sie auch leben möchte.

Zustimmend äußerte sich Oma:
„Diese verweist sich
auf Minderwertigkeitsgefühl
und negativen Narzissmus.
Um Aufmerksamkeit zu gewinnen,
erniedrigt man sich unbedarft
und Freunden gegenüber
benehmt man sich unfreundlich.
Solche Menschen
verdienen keine Freundschaft."

Darauf beschloss Hannah,
das Mädchen in Ruhe lassend,
sich von ihr zu distanzieren...

„Besitztum hat mit der Liebe nicht zu tun.“

EIFERSUCHT

Was für eine Miene,
dachte Oma bei sich.
Als sie nach dem Grund fragen wollte,
sah es so aus,
als ob Hannah die Sprache
verlernt hätte.

Ohne sie weiter zu quälen,
fand diese den Grund des Schweigens.
Sie hatte nämlich die fremden Kinder,
mein Kind genannt.

Darauf sagte sie leise:
„Wenn du mich liebst,
 dann gewähre mir die Freiheit.
 Du bist das einzige Kind,
 welches ich liebe,
 doch ich mag die andern Kinder auch.“

Beschämend und entschuldigend
warf sich Hannah
in ihre Arme und flüsterte:
„Wie egoistisch von mir.
 Ich betrachtete dich
 als mein Besitztum...“

„Außer Liebe hat das Kind nichts zu geben. Es soll noch viel nehmen."

DIE HAND

Randvoll war die Stadt.
Berauscht von der Feierlaune,
keiner vermochte auf seinen nächsten
Rücksicht zu nehmen.

Besorgt bat Oma Hannah
ihre Hand ihr zu geben.
Doch im Vorwand ihrer Freiheit
eingeschränkt zu sein,
verweigerte diese stur.

Um ihr Mitgefühl zu erwecken,
sagte Oma pathetisch:
„Mein Kind, ich friere
  und habe Angst verloren zu gehen.
  Nimm bitte meine Hand."

Stolz und mutig,
nahm Hannah das Angebot entgegen…

Ignoriere bewusst seine bösartigen Bemerkungen.
Er wird dich mögen und wird dir folgen.

UNBEWUSSTE BÖSARTIGKEIT

Unbegreiflich konnte Hannah
nicht enträtseln,
warum der Junge aus dem Freundeskreis
sich bösartig verhielt,
egal wo sie auch auftrat.

Aus eigener Erfahrung
beruhigte Oma sie:
"Manche Menschen pflegen
 eine natürliche Aura in sich zu haben.
 Bei seinem Auftreten
fühlen sich viele unbewusst benachteiligt,
 wurden neidisch,
 dann äußern sie sich schlecht
 und reden ihn klein.
 Ignoriert man dieses bewusst,
 dann werden sie ihn mögen,
 dann werden sie ihm folgen."

Selbstbewusst freute sich Hannah
sich näher kennengelernt zu haben...

Sag mir, wer dein Freund ist. Ich sag es dir, wie du bist.

UNANGENEHM

Es rätselte Hannah,
warum die Kinder
von ihr Abstand hielten,
weil ihre Freundin
sich unanständig benahm
und bat Oma um einen Rat.

Diese hatte etwas parat:
"Die Geschwister wählt man nicht,
doch die Freundin schon.
Wenn sie sich
gesellschaftlich unanständig benimmt,
versucht man sie entweder zu belehren,
oder man bricht die Freundschaft
mit ihr."

Bedankend plant nun Hannah,
wie sie Omas Lehre
an ihre Freundin
weitergeben konnte...

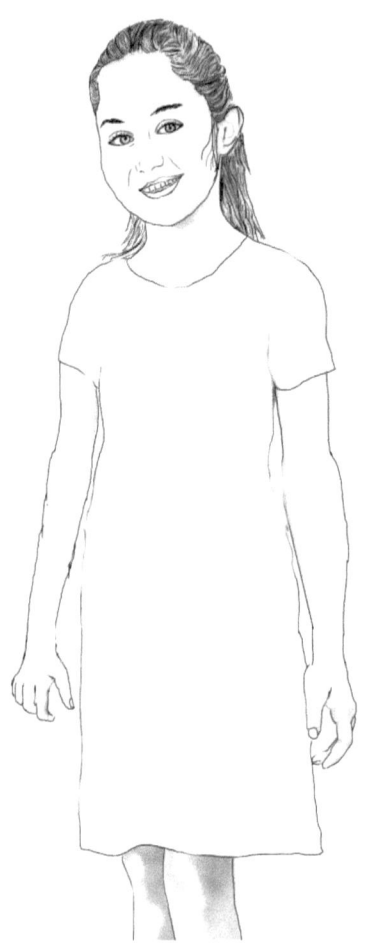

Persisch: „Du hast das nicht verdient, verdienst du nicht dessen Werte zu kennen."

ERBE

Unzufrieden berichtete Hannah Oma
von einem Jungen,
der Buchstäblich
das Geld aus dem Fenster warf.

Ruhig entgegnete diese:
„Wer etwas mit dem Einsatz
 des Leibs und des Verstands
 nicht verdient,
 kennt die Werte
 von Hab und Gut nicht."

Hannah freute sich insgeheim,
dass sowohl Oma,
als auch ihre Eltern
zur Miete wohnten…

„Verkaufe deine Ware dort, wo es einen Käufer gibt."

FALSCHER ORT

Launisch war Hannah,
das Essen schmeckte ihr nicht.
Oma konnte ahnen,
dass etwas in der Schule
nicht stimmte.

Als Oma weiter schwieg,
schoss Hannah schluchzend
wie eine Fontane los:
„Ich mag die Schule nicht mehr.
Ich mag meine Freunde nicht mehr.
Habe was Interessantes erzählt,
keiner hat darauf reagiert,
keiner wollte mich verstehen."

Verständnisvoll sagte Oma:
„Verkaufe deine Ware dort,
  wo es einen Käufer gibt."

Beruhigt erzählte Hannah Oma
ihre Geschichte.
Das Essen war geschmackvoll...

Sei damit zufrieden, was du geschafft hast.

FRIEDE

Unzufrieden mit sich selbst,
sich unter Wert schätzend,
warf sich Hannah auf den Boden.
Sie schaffte ihre Arbeit
nicht zu Ende.

Sie tröstend, sagte Oma:
„Man kann alles nicht voraussehen.
 Kaum wird ein Plan
 rechtzeitig gemeistert.
 Man soll sich
 damit zufrieden geben,
 was man auch geschaffen hat.“

Ermutigt nahm Hannah zur Kenntnis,
dass ein großer Teil der Aufgabe
schon erledigt war...

„Kohärieren die Generationen, gewinnen beide.
Bekämpfen sie sich gegenseitig, verlieren beide."

FÜREINANDER

Versunkend in tiefen Gedanken,
steckte Oma die Wäsche
in die Waschmaschine,
schaltete versehentlich
den danebenstehenden Ofen an
und wunderte sich,
warum die Maschine sich nicht drehe.

Wortlos schaltete Hannah
den Ofen aus und die Maschine an.
Darauf lief alles,
wie es sein soll.

Liebevoll umarmte Oma Hannah
und sagte verlegend:
„Du bist ein kluges Kind,
 wie werde ich,
 ohne dich weiterleben..."

Nur einer kann dich glücklich machen. Du!
Kenne Dich! Liebe Dich!

GEFÜHLE

Ohne Hemmung beichtet Hannah Oma,
sie sei unglücklich.
Die Wünsche werden nicht erfüllt,
das Leben sei ungerecht.
Einer kann sich alles leisten,
während der andere
von der ewigen Armut verdammt ist.
Einer kann alles erreichen,
während der andere
auf der Straße landet.

Nicht ablehnend äußerte sich Oma:
„Das Glück bezieht sich
 auf innere Zufriedenheit.
 Man soll das tun,
 was man auch tun kann.
 Man muss sich selbst
 und den Mitmenschen so hinnehmen,
 wie man ist, was man ist.
 Alles in der Welt
 hat einen Grund."

Hannah schaute intensiv
Oma in die Augen
und fühlte,
wie glücklich sie doch war...

Die harte Schale verdeckt den weichen Kern.

HARTE SCHALE

Ergrimmt sah Hannah aus.
Sie wollte sich selbst hassen.
Oma fragte vorsichtig
nach dem Grund.
In Tränen beichte sie,
dass ihre Freundin,
die sie von Herzen liebte,
sie nicht mehr mag.

Schätzend die Umstände,
riet Oma ihr lächelnd:
„Man soll nicht zu Grob
 zu seinem Nächsten sein.
 Er kann die Stimme
 des Herzens nicht hören.
 Die harte Schale
 verdeckt den weichen Kern.“

Hannah erinnerte sich,
dass sie nie ein schönes Wort
zu ihrer Freundin gesagt hatte…

„Alles Negative bewahrt eine positive Seite in sich."

HOMEOFFICE

Sehnsüchtig wartete Oma
auf Hannahs Ankunft.
Als sie fröhlich und ausgeglichen auftrat,
plagte sie ein Mischgefühl
aus Neid, Eifersucht und Freude.

Ohne aufgefordert zu sein,
berichtete diese,
dass sie zum ersten Mal im Leben,
ihre Eltern aus nächster Nähe
kennenlernen durfte,
da sie von zuhause arbeiten müssten
und dass sie äußerst nett waren.

Erleichtert umarmte Oma Hannah,
freundlich sagend,
dass ihre Eltern immer so waren
und ihr Kind liebten.
Doch hatten sie keine Gelegenheit,
um es zu zeigen
und sie hatte diese Aspekte
von ihnen übersehen…

Afghanisch: „Mache, was Mullah sagt, tue nicht, was er tut."

IRRELEVANT

Kopfschüttelnd verstand Hannah
die Welt nicht mehr.
Ihr angestrengter Lehrer forderte alle,
regelmäßig Sport zu treiben,
um fit zu bleiben,
obwohl er sich selbst
schwer bewegen konnte.

Ihre Beschwerde lauschend,
sagte Oma verständnisvoll:
„Der Lehrer ist verpflichtet
dir den Weg zu zeigen.
Doch wenn er selbst verlaufen hat,
hat andere Gründe,
sei irrelevant.
Er pflegt seine eigenen Probleme
zu haben."

Hannah musste zunächst nachdenken,
was diese für eine Bedeutung hatte...

Je mehr man um sich selbst kreist, umso mehr
isolierte er sich.

ISOLATION

Sich einsam fühlend,
wusste Hannah nicht mehr
wo es lang gehe.

Letzter Zeit, in ihrem Freundeskreis,
redet sie nur über sich selbst,
ihre guten Taten,
ihre weisen Worte,
ihr schönes Aussehen
und ließ keinen ein Wort sprechen,
hörte keinem zu,
so wie sie selbst die Herrscherin
und die Untertanin war.

Oma nahm sanft
neben ihr Platz
und sagte nur einen Satz:
„Je mehr man um sich selbst kreist,
   umso mehr isoliert er sich."

Darauf schaute Hannah sich
in den Spiegel.
Sie hatte zwei Ohren,
zwei Augen
und nur einen Mund...

Sei nicht auf der Suche nach der Schwäche der anderen. Dadurch wirst du dich mit deren Schwäche anmaßen.

LEICHTSINN

Sich stark fühlend und faulenzend,
maß sich Hannah
mit der Schwäche der anderen
und wollte sich nicht
weiter bemühen.

Besorgt von der Entwicklung,
sagte Oma ihr:
„Messe deine Stärke
 mit der Schwäche der anderen nicht.
 Dadurch bleibst du
 in der Sackgasse stecken."

Darauf erinnerte sich Hannah,
wie gut ihre Freunde
in den anderen Fächern waren…

„Wenn du deinen Feind nicht kennst, dann bist
du ein ahnungsloses Opfer." Sun Tsu

LESEVERBOT

Mit großem Interesse,
doch kopfschüttelnd las Oma
die Handschrift des Teufels.
Aufgebracht fauchte Hannah sie an,
sie durfte es nicht lesen,
es sei obszön,
völlig grotesk, menschenverachtend,
der Schreiber sei ein Massenmörder.

Widerwillig stellte Oma
das Buch bei Seite
und äußerte sich ruhig:
„Wenn du deinen Feind nicht kennst,
  dann kannst du die Schlacht
  gegen ihn nicht gewinnen.
  Übrigens, darf man alles lesen,
  was man auch lesen möchte."

Nachdenklich flüsterte Hannah:
„Durfte ich es denn
  nach dir lesen?"

Akzeptanz der neuen Ideen bedeutet keineswegs
sich manipulieren zu lassen.

MANIPULATION

Durcheinander wirkend,
wollte Hannah ihre Lebenseinstellung
gründlich umstellen.
Sie hatte in Medien
etwas anders gelesen,
was grundlegend gegen
ihre bisherige Überzeugung
entsprach.

Ihre Sorgen in achtnehmend,
versuchte Oma sie zu lehren:
„Man muss veränderbar genug sein,
um neue Ideen zu begrüßen.
Doch seinen Kopf muss man
stetig bei sich behalten,
darf nicht zulassen,
dass die anderen für ihn denken
und wankelmütig
sich ständig beeinflussen lassen."

Hannah benötigte Zeit,
um nachzudenken...

„Es stimmt wohl, dass alles sich aus dem Punkt emaniert, wo du gerade stehst. Doch du stehst nicht in der Mitte des Universums."

NEUGIERDE

Der Tumult der Stadt
war nicht zu übersehen,
Sie wollte einem Jedem ins Gesicht sehen.
Oma sah Hannah abwesend
und fragte, wo sie gerade war.
Diese entgegnete ihr verlegen,
„Ich wollte bei Jedem die Gedanken lesen,
  vielerlei betrachten sich selbst für sündenfrei
  und die andern, keineswegs."
Wohlwollend ihre Gedanken lesend,
sagte Oma sanft:
„Ein Jeder denkt, was er getan,
  sei harmlos,
  doch das Tun seines Nächsten schreibt er groß,
  sehend die Mücken der Nächsten als Elefant,
  doch ihren eigenen Elefanten als eine Mücke.
  Das ist wohl wahr,
  dass alles sich aus einem Punkt emaniert,
  an dem man gerade stehe,
  doch man stehe nicht
  in der Mitte des Geschehens.
  Und du, mein Liebes,
  denke nicht,
  dass du anders denkst."

Betroffen kam Hannah zu sich selbst
und hielt ihr Buch in der Hand fest…

persisches Sprichwort: „Alles an seinem Platz,
alles zu seiner Zeit.“

PHILOSOPHIEREN

Sich wichtigtuerisch benehmend,
ungewöhnliche Begriffe aussprechend,
was sie selbst nicht begreifen konnte,
versuchte Hannah
die Mitschüler einzuschüchtern,
sie in Verlegenheit zu bringen.

Einstimmig lachten die Kinder sie aus,
ob sie verrückt geworden sei.
Einige empfohlen ihr
zum Arzt zu gehen.
Sie hegten den Verdacht,
dass sie Fieber haben könnte.

Beobachtend die Szene
beriet Oma sie:
„Alles zu seinem Platz,
  alles zu seiner Zeit.“

Darauf benahm sich Hannah,
so niedlich, so kindlich,
was sie auch war...

*Wenn du auf deine eigene Sicherheit nicht
achtest, achte auf die Sicherheit der anderen.*

RÜCKSICHT

Ohne einen Tag geübt zu haben,
wollte Hannah mit ihrem Inlineskater
in die Fußgängerzone fahren.

Auf Bedenken von Oma,
sagte sie barsch,
sie sei erwachsen genug,
um auf sich aufzupassen.
Sie sei brav genug,
um eine Verletzung zu vertragen.

Verzweifelt äußerte sich Oma:
„Eigene Sicherheit kann einem gleich sein,
 doch man muss
 auf die Sicherheit der anderen
 Rücksicht nehmen."

Überzeugend beschloss Hannah
vorerst auf dem Spielplatz zu bleiben...

„Jeder Schweißtropfen des Sports lindert einen
Schweißtropfen des Schmerzes.“

SCHWITZEN

Verärgert über ihr Schwitzen
während des Sports,
verglich sich Hannah mit Oma,
denn sie bisweilen
lauter Schmerz schwitzte.

Küssend ihr schweißgebadetes Gesicht,
äußerte sich diese nostalgisch:
„Hätte ich in meiner Zeit
 wie du beim Sport geschwitzt,
 litt ich heute kaum
 unter Schmerzen.
 Ein Soldat,
 der auf dem Übungsplatz ausschwitzt,
 blutet nicht im Schlachtfeld.“

Mitfühlend und mutig
strebte sich Hannah weiter...

„Gib dich nicht damit zufrieden, dass keiner dich
bezwingen kann.
Sei ausgerüstet, damit du dich wehren kannst und
endlich besiegst."
Sun Tsu.

SEI IM TAKT

Siegessicher,
stolz auf ihr Können,
schwebend in der Luft,
hatte Hannah vor
in einem Tanzwettbewerb teilzunehmen,
ohne weiter zu üben.

Interessiert an Ihrem Sieg,
mahnte Oma sie:
„Gib dich nicht damit zufrieden,
 dass du ohnehin alle bezwingen kannst.
 Das sei Eitelkeit.
 Sei stetig auf der Hut.
 Das Leben ist voller Überraschungen."

Beim Üben wurde Hannah gewahr,
wie altmodisch ihr Tanz doch war…

Alles was du tust, tust du selbst zu Liebe.

SELBSTLIEBE

Herzlich lachte Hannah
über die Aussage eines Weisen:
„Sich selbst lieben!"

Sie zärtlich küssend,
erläuterte Oma:
„Wenn man sich liebt,
  liebt man sich selbst zu Liebe
  die Mitmenschen,
  die Tiere,
  die Umwelt.
  Und der Hass
  hat keinen Platz
  in seinem Herzen."

Liebevoll sie anschauend,
merkte Hannah,
wie sie sich selbst zu Liebe
ihre Oma liebte…

„Halte dich mit deinem Urteil zurück. Du kannst die Szene nicht genau wiederherstellen."

STREIT

Voller Wut warf Hannah
ihren Ranzen auf den Boden
und begrüßte Oma mutwillig,
so dass diese es kaum wahrnehmen konnte,
doch Oma hielt sich absichtlich zurück.
Noch nicht ausgeholt,
erzählte Hannah theatralisch
von einem Streit mit einem Freund
mit der Erwartung,
dass Oma ihr beistehe.

Die rationale Oma wollte jedoch
die Gelegenheit nicht verpassen
und äußerte sich ernsthaft:
„Man kann die Wirklichkeit
 nicht mit allen Kanten
 und Ecken wiedergeben.
 In welchem Zustand befand man sich.
 Was für Gründe und Anlässe
 gab es für den Streit.
 Man kann es unmöglich
 aus der Ferne beurteilen."

Sich nicht bestätigt fühlend,
rief Hannah die Szene
in ihr Gedächtnis
und vernahm eindeutig sich selbst
als Unruhestifterin...

„Benehme dich nicht Auffällig, mache dich nicht abgesondert, es fällt auf."

STUMM

Tobend, lachend,
Unsinnigkeit machend,
genossen die Kinder die Sonne.
Ein herrlicher Tag.
Doch Hannah saß
abgegrenzt und stumm,
wusste selbst auch nicht,
woran sie dachte.

Besorgt fragte Oma sie,
ob etwas nicht stimmte.
Hannah verwies sie
auf ihre eigene Rede,
dass die Weisheit in der Stille läge.

Lächelnd entgegnete diese,
dass das Leben zum Genießen sei
und ein Kind muss Freude haben.
Doch wo man nichts zu sagen hat,
statt sich zu blamieren,
bleibt man stumm.

Darauf schoss Hannah hoch
und kletterte auf das Klettergerüst...

„Wenn du dich heute nicht findest, ist es Morgen ein Stück zu spät. "

TRÄGHEIT

Lustlos und apathisch
stellte Hannah ihre Aufgaben,
eine nach der anderen, beiseite,
murmelnd zu sich,
morgen sei auch ein Tag.
Nur noch eine hielt sie
am Laufen:
„Heute nichts tun."

Der Ablauf gefiel
Omas achtsamen Augen nicht.
Aufmunternd sagte sie ihr:
„Wenn du dich heute nicht findest,
   dann wird es morgen zu spät sein.
   Wenn du dich entspannen möchtest,
   dann tue es bewusst,
   es gehört schier dazu."

Aufwachend wurde Hannah gewahr,
wie kinderleicht ihre Aufgabe war
und morgen etwas Unerwartetes
auf sie wartete.
So fing sie entspannt von vorne an...

„Ein jedes dichterische Schriftstück ist eine
verkürzte Zusammenfassung des Lebens."

ÜBERTREIBUNG

Mit hochgezogener Nase,
sagte Hannah überheblich:
"Das ist nicht wahr.
Er übertreibt wohl.
Ich akzeptiere nie auf der Stelle,
wer mir etwas vorschreibt.
Was sind sie für Menschen,
die Dichter und Künstler?"

Mit der Gewissheit,
worauf sie hinaus wolle,
versuchte Oma ihr zu erklären:
„Der Künstler, der Dichter
lässt sich inspirieren,
aufnehmend eine Momentaufnahme
einer Ekstase, eines Geschehnisses,
eines Events, oder einer Lebensperiode,
malt es, oder schreibt es nieder,
um es weiterzugeben.
Das ist keine Übertreibung,
das ist eine verkürzte Zusammenfassung."

Nachdenklich las Hannah weiter
das Büchlein in ihrer Hand
und fand sich immer wieder
in diesem wieder...

125

*„Bringe keinen in die Verlegenheit dich
anzulügen."*

UNANGEBRACHT

Eindringlich und belästigend
fragte die kleine Hannah
die junge Dame,
was sie wohl getrieben hatte,
um geschwängert zu werden.

Unvorbereitet wusste
die elegante Dame nicht,
ob sie lügen
oder die Wahrheit sagen soll.

Die unangenehme Lage betrachtend,
pirschte sich Oma an Hannah heran
und flüsterte lächelnd:
„Bringe keinen in Verlegenheit,
 dich anzulügen."

Verlegend und schuldbewusst
schaute Hannah liebevoll die Dame an…

Hannah Fortsetzung